AULA DE POESÍA
ORILLAS DE ÁVILA

XXVIII PREMIOS DE POESÍA
SANTA TERESA DE JESÚS

ANA GARRIDO PADILLA • MANUEL LAESPADA VIZCAÍNO
MODESTO GONZÁLEZ LUCAS • LETICIA MOLINA CAVANILLAS
TEODORO RUBIO MARTÍN • LAURA GÓMEZ RECAS
NICOLÁS MATEOS FRÜHBECK

AULA DE POESÍA
Orillas de Ávila

XXVIII PREMIOS DE POESÍA
SANTA TERESA DE JESÚS

Presidenta
MARÍA ANUNCIACIÓN GUIL REDONDO

Director
JOSÉ ROMERA GIL

HOGAR DE ÁVILA EN MADRID 2025

HUERGA & FIERRO editores

El Hogar de Ávila en Madrid es una asociación fundada al amparo de la legislación vigente el 10 de junio de 1962 y declarada de utilidad pública el 13 de noviembre de 1970

Primera edición: 2025

Hogar de Ávila en Madrid
C/ Caballero de Gracia, 18
28013 Madrid
hogardeavila@telefonica.net
www.hogardeavila.com

C/Sebastián Herrera, 9
28012 Madrid-España
Telf.: 91 467 63 61
www.huergayfierro.com
huerga@huergayfierro.com

I.S.B.N.: 979-13-990934-7-6
Depósito Legal: M-23627-2025
Impreso en Romadac Industria del Libro
Impreso en España/Printed and made in Spain

LIMINAR

Fiel a su cita de otoño, la entrega del Premio de Poesía Santa Teresa de Jesús vuelve a congregar en torno al Hogar de Ávila en Madrid a sus socios y simpatizantes, a familias, a tantos amigos y allegados, a poetas y lectores, a un público cada vez más amplio y diverso. Celebramos una vez más este acto bajo la advocación y el patrocinio de la fundadora de los carmelitas descalzos, maestra de la vida espiritual, mística y escritora universal y, al cabo, una de esas mujeres que parece haber moldeado Dios con sus propios dedos para que nos muestre al resto de los mortales de qué pasta estamos hechos, y para que nos convenza de que existe un cielo accesible cuya luz se propaga ya aquí, con los pies firmes en la tierra, a poco que aclaremos la mirada y acertemos a limpiar de impurezas nuestros oídos y, sobre todo, nuestro corazón. Sin duda, en estas búsquedas y aspiraciones de más altura y trasparencia, nos ayuda la Poesía. Tanto el poema galardonado en esta XXVIII edición, "La voz sobre la voz", como la mención de honor obtenida por "Como si fuera mayo", de Ana Garrido Padilla y Manuel Laespada Vizcaíno, respectivamente, han alcanzado, según el juicio unánime del jurado, a iluminar con exquisita sensibilidad, profundidad y belleza, modos y maneras de la figura señera de Teresa de Ávila, de su memoria, entendimiento y voluntad, en dos momentos concretos de su historia: el encuentro en el verano de 1568 con el fraile Juan de Santo Matía —futuro San Juan de la Cruz— en Medina del Campo, y su fallecimiento en octubre de 1582, en Alba de Tormes. Gracias a ambos poetas por ese acercamiento suyo a la doctora de la Iglesia y su propuesta de que los lectores lo hagamos nuestro. Y sincero agradecimiento también a los poetas que a lo largo de este curso nos han acompañado y enriquecido con su presencia en el Hogar de Ávila, sus obras y sus poéticas; han compartido con nosotros cultura de la mejor ley, animadas tertulias y buen hacer literario; han arribado felizmente hasta estas "Orillas de Ávila" de 2025 que hoy concluyen. Cerramos el presente ciclo, como ya es tradición, con una breve captura de sus voces transcritas al papel. En los tiempos que corren, un poco de poesía suele ser mucho, aprovéchenlo. Hasta el curso próximo, pasen, lean y relean.

María Anunciación Guil Redondo

Ganadora XXVIII Premios de Poesía Santa Teresa de Jesús

ANA GARRIDO PADILLA

La voz sobre la voz

Del encuentro de Juan y Teresa en Medina del Campo

I

La voz sobre la voz, el tiempo justo
del agua amurallada.

Teresa duerme,
el madero en la sien y por los ojos
una lluvia dulcísima de acantos.

Tiene su cuerpo un tibio aroma a sal,
una poterna
de octubres encendidos,
de vuelo el corazón y, junto al pecho,
toda la sangre en cruz
y el alma en llamas.

La celda es un temblor que se desborda,
un fragmento de luz *amortejida.*

Afuera grita el sol. Afuera el mundo
respira inacabado.

Calladamente el alba muda el aire
a través de la reja.

Calladamente, apenas incendiada
en vértigo de amor,
una campana llama a los maitines.

Empieza a clarear sobre Medina.

II

Algo bulle en la casa,
el torno gime.
Las hermanas, al punto de rezar,
entonan cantos
y risas
          y aleluyas.

La Madre quiere alegre la pobreza.

Nada teme, trabajos ni derrotas,
ni caminos estrechos ni linajes.
Ha venido a fundar y se le alcanza
que es fermento de fe
velar el frío.

A la sombra del patio un fraile espera,
la mirada de ángel.

Quiere hacerse cartujo.

Son dos ascuas de Dios las que se miran.

—Os lo ruego, fray Juan,
quedad conmigo.
Fiad en el Señor que todo puede
y podrá socorrer nuestra ventura.

III

Anochece en el claustro. Las palomas
habitan la quietud de los aleros,
la mies desguarnecida.

Teresa escribe
—la pluma por el yugo del alféizar—
enteramente sed y mansedumbre.

Y se sabe fulgor
                    y enredadera.

Sonríe.

—Ya tengo fraile y medio.

Canta un mirlo.

La luz se despereza por Castilla.

MENCIÓN DE HONOR

MANUEL LAESPADA VIZCAÍNO

Como si fuera mayo

Los insomnios del gallo o de la estrella
cerrarían sus ojos, ya no vuelan
los pájaros postreros de su casa
y a la muerte se entrega
como si fuera mayo
(ella, Santa Teresa,
que nunca se rindió a los horizontes
y nunca en las penumbras vio fronteras),
tal si abrieran de golpe
las cancelas a todos los candados
y hubieran las hogazas vencido a las hambrunas;
y su voz, tan de lluvia, tan de espliego
aunque era devorada
por el tigre implacable de las sombras,
seguía golpeando, empapaba;
su voz, tan astrolabio, no cesa todavía
aunque el mutismo ahora
galope por su boca,
ponga su escarcha de azucena mustia
sobre sus labios yertos.

Para aquellos que piensan
que el tiempo o que la muerte acabará venciendo,
que todos los caminos de la sed o la piedra
ganaron la batalla
les diré que aún es pronto,
que aún no ha llegado el tiempo para el salmo y la pena,
que la desposesión
no ha conseguido conturbar su espíritu,

que yace sosegada, profundamente en paz,
como lo están los niños cuando duermen
o como el esqueleto del jilguero
en el nido desierto,
y sus mejillas pintan
algo muy parecido a una sonrisa,
la estela iridiscente
de quien presiente próximo el triunfo
(¿cómo expresar —si no existen palabras
que retraten la ingravidez tan dulce—
la beldad de su rostro?, acaso
decir que ahora *teresamente* duerme
será la mejor forma de expresarlo);
igual está soñando que ha cruzado
la frontera del barro y que alcanzó el silencio
y que acaso en el cielo
donde ahora reposa su latido tan frágil
como las alas de las mariposas,
los ángeles más fieles también van descalzados.

Teresa, hay razones
que solo el corazón entiende cuando ama
y los suspiros tristes que buscan los aleros
de todas tus Moradas
son guirnaldas de dicha cuando su meta alcanzan;
y aunque tienen los pájaros un regusto a nostalgias
tus Conventos les llaman y al llamarlos
resucitan luciérnagas
y tu voz todavía permanece
con la desposesión que sólo el eco tiene,
pero también —tal como hacen los ecos—
nos abraza y nos toma
como el trueno a la sombra,
como Dios a sus hijos.

TERTULIA 2025

14 DE ENERO DE 2025

ANA GARRIDO PADILLA

ANA GARRIDO PADILLA. Licenciada en Ciencias de la Información, preside en la actualidad la Asociación literaria *Verbo Azul*, desde la que realiza una constante labor de difusión de la palabra poética y codirige, junto a Germán Pinto, su revista *"La hoja azul en blanco"*. Su poesía ha recibido numerosos premios y distinciones: Premio Nacional de Poesía Mística "Martín Descalzo" de Valdemoro (Madrid) en dos ocasiones; Premio de las Justas Poéticas de la Ciudad de Dueñas (Palencia) por el poemario *"Aún tiembla la Esperanza"*; Concurso Internacional de Poesía "Palomar Teresiano de Gotarrendura" (Ávila); "Porticvs" de Villanueva de la Serena (Badajoz) por el poemario *"Calendarios Dispares"* (2014) escrito en colaboración con Juan José Alcolea; "Pedro Marcelino Quintana" de Arucas (Gran Canaria) por el poemario *"Traigo en vilo los ojos y las ganas"*; "Poeta Mario López" de Bujalance (Córdoba) por el poemario *"Noticia del Asombro"* (2014); Premio "Luis Feria" de la Universidad de La Laguna (Tenerife) por el poemario *"De la consumación y otros itinerarios. (Homenaje a Luis Rosales)"*; Premio *"Flor de Jara"* de la Diputación de Cáceres, por el poemario *"Acaso el espejismo"* (2017), o el "Barcarola" de Poesía por *"El Ruido transparente"*, publicado en 2023. Ha obtenido el XXVIII Premio "Santa Teresa de Jesús" con el poema que abre el presente libro.

A este lado del frío

(Habla Teresa)

Hace tiempo que espero en esta casa,
hace tiempo que busco, a este lado del frío,
la huella de mis manos,
las formas familiares de la lluvia.

Aquí, mientras la noche recupera de pronto
el tacto de los días,
acaricio la piel de las hogueras,
los fragmentos más frágiles del aire,
su corazón tranquilo.

Me parece distinta esta ternura
que se instala en las cosas,
esta dulce erosión que se detiene
al fondo del paisaje.
Me parece distinto este silencio.

Han crecido los juncos
de anochecida,
han llegado hasta el límite de las enredaderas,
hasta el borde más tibio de los árboles.

Han llegado a mis ojos con su alforja de nieve,
acaso soledad en este abrigo,
acaso soledad
y mansedumbre.

Ahora, sin embargo, reconstruyo
los matices del agua,
la claridad antigua de esta tierra
sin rostro que nos cubre,
que nos toca de nuevo sin tocarnos.

Una paloma rompe la inocencia del fuego.

Hoy recojo la luz en la espesura,
la raíz y la sangre del rescate.

Porque sigo esperando como esperé la vida,
como esperé la sombra del crepúsculo
y velo este dolor
como de llama,
en la misma piedad de la memoria.

Después de todo traigo el sol desguarnecido
y un tumulto de espigas gritándome en el pecho.
Después de todo, al cabo
de las bifurcaciones,
a la altura del hombre,
desmedida,

una palabra tiembla.

El ruido de las sombras
en los templos vacíos, la promesa
de la piedra labrada,
el recinto sagrado para los sacrificios.

La escritura es el riesgo.

La maza del cantero junto al árbol
de la sabiduría.

ME DIGO muy despacio,
casi en ruinas,
con esa lentitud de lo imposible,
me digo a ras de tierra y en pedazos.

Me digo simplemente, me pronuncio
futuro y estandarte,
con el paso cambiado y la voz rota
de pie sobre mi nombre.

Ya no sé si me faltan cicatrices
o tengo que buscarle por mis venas
cobijo a las palabras,
pero llevo,
mordiéndome la luz,
todas las bocas,
y todos los paisajes como en fuga
detrás de las esperas.

He vuelto del dolor como se vuelve
de todos los regresos.

Si acaso me buscáis, sabed que vivo
a más de veinte muertos de mi casa.

VIII

Llegaron de la luz, desposeídos
de su antiguo lenguaje.
Consagraron las piedras al abrigo del día.

Desoyeron los gritos de los héroes.

En un claro del bosque escogieron la noche
y un lugar junto al fuego.

En esta tierra triste
anterior a la tierra,

se reúnen a veces para rezar a solas.

XVI

Miro ahora las hojas,
el sonido del aire que se agita
cuando todo está inmóvil,
cuando nada parece necesario.

Por debajo del día,
alrededor del humo de los setos,
de su propia conciencia,
adivino el sosiego de los amaneceres,
las estelas varadas
debajo del poema, los dólmenes caídos
sobre las tierras húmedas.

Cristalizo los ecos,
la llama que se espesa al otro lado.

No pronuncio esta vez silencio alguno.

11 DE FEBRERO DE 2025

MODESTO GONZÁLEZ LUCAS

MODESTO GONZÁLEZ LUCAS. En razón de su nacimiento, su residencia y sus afectos, este veterano poeta puede considerarse madrileño y abulense a partes iguales. En el último cuarto del siglo XX ejerció el periodismo y, tras su jubilación ya en la presente centuria, cursó estudios de Cultura y Civilización y obtuvo la licenciatura de Humanidades. Escritor prolífico, ha publicado en prosa libros sobre memoria histórica, biografías y volúmenes de cuentos, además de obras híbridas como "Vivir. A los enfermos de hepatitis C" (2015), una crónica poética y periodística o "Poetas en la Sierra de Gredos" (2018), un libro de viajes y versos de la mano de varios poetas que accedieron a estas montañas. Es autor asimismo de una decena de poemarios: "Fe de vida" (1988), "Descampado al aire" (1993), "En el huerto de los castaños" (2012), "Sonetos del descampado" (2012), "El paisaje en la mirada" (2014), "Campo de batalla, camino de perfección" (2016), dos volúmenes de "El cuenco de los haikus" (2019), "En la ciudad, todos uno" (2022) y una selección personal, "La ley del soneto" (2024).

Tres haikus

Hondo silencio
palabras imposibles
papel en blanco.

* * *

El descampado
amanece en invierno
desangelado,

* * *

Bajo la cúpula
serena de los cielos
nada se oculta.

Profundidad del descampado

Madrid es una raya horizontal
sumergida en las brumas del espacio,
se descuelga la tarde tan despacio
que parece flotar sobre un cristal.

En los aires las últimas palomas.
El asfalto embadurna el firmamento.
Por todas partes bloques de cemento
que arrasan la dulzura de las lomas.

La ciudad distendida en el paisaje,
desdibujada por las inconstancias
de un crepúsculo gris contaminado.

Corrompida la luz, forma un encaje
de tinieblas que enturbian las fragancias
de la profundidad del descampado.

Duruelo

De Valladolid, Juan fue a Ávila, y desde allí partió con un albañil hacia la solitaria y derruida casa en Duruelo, provincia de Ávila.

San Juan de la Cruz, de GERALD BRENAN

Sumido en el silencio meditaba,
la voz de Dios susurraba en el viento.
Alumbraban los cielos en un lento
y tibio amanecer. Alboreaba.

El misterio del aire en el profundo
declinar de la noche. La mañana
resplandecía blanca en la ventana.
Duruelo era un lugar fuera del mundo,

un caserón en ruinas… un desierto.
Los negros encinares a lo lejos
en el curvo perfil de La Moraña.

La madrugada era un portón abierto
vencido el corazón en los espejos.
Al alba, la quietud de La Montaña.

El muro

He levantado un muro de granito
en la garganta, un muro de silencio.
Enfrentado al crepúsculo, potencio
la voluntad del pecho alzando el grito

contra el frágil cristal de las estrellas.
El frío de la aurora en la mirada
penetra en mis entrañas, despejada
la noche sin apenas dejar huellas.

Me sostiene el vacío, me ilumina,
abierto el ancho portalón del viento,
el sinsentido al muro lo rebasa.

Arde sin arder dentro de una encina
la raíz primordial del firmamento,
el dios del aire y el fuego me traspasa.

La primicia de tu cuerpo

El resplandor oscuro de la noche
en tus cabellos, blanca palidez
en el volumen de tu desnudez
bañado por la luna, aire, derroche…

desplegado candor anacarado.
En el campo, un arrullo de palomas
sobre el lomo ondulado de las lomas
mientras relumbra gris el descampado.

Tu vientre es el crisol de la dulzura,
tu pelvis el jardín de las delicias,
donde el misterio del amor se esconde.

El ardor de tu piel, en su locura,
proclama sin pudor que las primicias
de tu cuerpo a mi alma corresponde.

Ascensión del ciprés

Mi ventana se abre al interior
donde crece un ciprés adolescente.
En el centro del patio hay una fuente
y en el aire un dorado resplandor.

Los rosales sin rosas, el temblor
del sol en las paredes. El poniente
ilumina las sombras de mi frente.
Tarde invernal. Los almendros en flor.

La ascensión del ciprés en el aroma
que al viento expanden estas soledades.
La claridad en la raíz del alma.

Anochece en el patio, una paloma
arrulla en el silencio, intimidades
que reposan sonoras en la calma.

Fe de vida

La palabra da fe de mi existencia
sometida a la forma del soneto.
Palabra en libertad, sutil secreto,
engendrada en el cuenco de la esencia.

La noche, sostenida en su potencia,
renueva la armonía de lo escueto
sincera conjunción de lo concreto
en la dulce quietud de la conciencia.

La mañana en la calma bendecida.
La palabra hecha carne. La evidencia
de la luz se me impone sin medida.

Me adentro en el asombro de la vida.
Aunado el palpitar de la existencia,
doy fe de una bondad desconocida.

11 DE MARZO DE 2025

LETICIA MOLINA CAVANILLAS

LETICIA MOLINA CAVANILLAS. Es diplomada en Enfermería por la Universidad Autónoma de Madrid, tiene una Maestría en Dirección y Gestión de Centros de Servicios Sociales y en los últimos años desarrolla su actividad profesional en el ámbito de la Geriatría. Ha realizado estudios de piano y durante cinco años formó parte de un proyecto musical con influencias de *blues, jazz* y *bossa nova.* Lectora insaciable y amante de la poesía, escribe desde niña. Forma parte del Grupo de Poesía del Aula de Encuentros en el Círculo de Bellas Artes de Madrid y de la Sede Madrileña de la Academia Nacional e Internacional de Poesía de Toluca, México. Ha participado en diferentes antologías como "Círculos de luz", la dedicada por la Tertulia del Café de Oriente al poeta Luis López de Anglada, "Hiriendo de luz el mar helado", o la más reciente "Inventario de vuelos" (2023). En el año 2018 publicó su primer poemario en solitario, "Fortaleza de viento", y en 2025 el magnífico "La voz de la lluvia". Podemos seguir disfrutando de sus creaciones en el blog www.brotarenletras.wordpress.com.

Me nombras
y tu voz ilumina mi orilla,
a veces nacarada
como filo de luna,
otras veces reflejo de galena.

En el tenue dibujo de este mundo,
mi nombre entre tus labios
es la mágica sombra de un pájaro que asciende
e invoca los milagros
en la tierra baldía.

Me designa volcán y madriguera,
me regala el sonido del mar contra las rocas
tu voz, cuando me elige
entre todos los nombres.

Y la hierba se ondula al recibir tu aliento
si me escapo sonora
entre tus dientes,
mientras cierras los ojos
para hundirte en la noche.

Me pronuncias
y nazco bautizada de espuma
desde lo más profundo de mi abismo,
como un astro fugaz.

Y al fin me reconozco.

Un poema
es una voz.

Y una voz es un sitio en el mundo.

Profanar el bastión del silencio.
Invadir el espacio
con el peso y rubor
de las palabras.

La insumisión del aire
que se agita en la boca.

Perder la transparencia.
Encarnar el perfil.

Y por eso esta voz,
este poema
—como cada poema—
es una rebelión.

Es una herida.

Es el lapso posible de la célula.

La galaxia prestada al universo.

El instante inmortal
que habitan mis latidos.

Un territorio fértil
donde volar
desnuda.

Poema a una hija adolescente

Quizá no reconoces,
por frecuentes,
mis manos
que recorren la casa
como arañas cautivas.
Llevan y traen cometas
paraguas
o nenúfares
hasta el hueco secreto
donde a veces escondo
todo lo que no sé para qué sirve.

Puede que no te agraden, por comunes, mis brazos:
tentáculos batientes
que llegan hasta Júpiter
y en el camino olvidan pañuelos,
bicicletas,
un astrolabio
o llaves antiguas de hojalata.
Domestican el polvo
y doman las pelusas
—animales salvajes que habitan en los cuartos—
con su temido látigo invisible.

Quizá no sepas ver cómo brillan mis ojos
si te observan al filo de la luna creciente.

Ni a la loba que en ellos te vigila en silencio
y le pide a las ramas custodias de los árboles
que cuiden de tus pasos
y protejan tu sombra.

Tal vez no puedas verme
como soy.
No te culpo.

Tanto tiempo he tratado de hacerme pan y estera,
o jardín,
o la jamba que sostiene el tejado,
el ascua tras la lumbre,
la nieve en el desierto

que olvidaste mi nombre.

Si yo misma no supe
enseñarte que soy
tan solo
una persona.

CONTEMPLO A UNA MUJER
que camina desnuda
con su hijo entre los brazos.

Casi danza,
meciendo sus caderas,
el baile de las madres para invocar al sueño.
Pasea por la orilla laboriosa del mar,
sobre el encaje blanco y dorado de la espuma,
en el acantilado incierto
de la vigilia.

Permite que las olas
le acaricien los pies
con su susurro:
Baila,
sigue bailando,
que ya se acerca
el sueño.

El niño se sumerge en su pecho desnudo
—minúscula galera que reposa
sobre el fondo marino—
El hueco de su mano
revela un escondite.
Medusa en un disfraz de caracola.

Sé lo que esa mujer está sintiendo.
Lo sé precisa y testarudamente.

Conozco la arenosa frialdad de sus pisadas,
su abdomen arrumbado en la caricia,
cada paso de baile
como un rito tribal
legado de la madre primigenia.

Presiento el peso húmedo del hijo
y su perfume tibio de salitre;
cada respiración,
pequeñísima y dulce
tormenta tropical de su garganta.

Sé lo que esa mujer está sintiendo.

No hace tanto que yo
fui como ella.

8 DE ABRIL DE 2025

TEODORO RUBIO MARTÍN

TEODORO RUBIO MARTÍN. Este poeta (Peñaranda del Duero, Burgos, 1958 - Madrid, 2025) fue doctor en filología hispánica, licenciado en teología y diplomado en magisterio. Alternaba su labor como profesor de instituto durante el curso escolar, con la cooperación en proyectos de desarrollo en Hispanoamérica en tiempo de verano. Y a toda hora, la poesía. Entre las variadas actividades literarias que desarrolló —fundador de la tertulia del "Café de Oriente", coordinador del Grupo Interiorista "Gerardo Diego", ambas en Madrid; promotor de las jornadas literarias "Mar adentro", en Asturias; miembro correspondiente de la Academia Dominicana de la Lengua; miembro de la Academia de Juglares de Fontiveros—, dirigió durante tres temporadas este aula de poesía "Orillas de Ávila", en Madrid. Tiene publicada una obra poética amplia y diversa, condensada en dos antologías: *Luminosa andadura,* de 1999, y *Los pasos sucesivos,* de 2023. Obtuvo más de una decena de premios, alguno de ellos tan prestigiosos como el "Martín Descalzo" o el "Fernando Rielo", ambos de poesía mística, o el "Juan de Baños", por el conjunto de su obra. Sus amigos poetas Gonzalo Melgar Corral y José Félix Olalla Marañón le tributaron un sentido homenaje en el Hogar de Ávila, leyendo poemas suyos y comentando diversos aspectos de su vida y de su obra en la tertulia correspondiente al mes de abril.

Memoria

He oído romper toda la lluvia
gris sobre los cristales de tu cuerpo.
He sentido la fuerza de la aurora
inclinarse ante el débil parpadeo
del ocaso, y he visto en tus ventanas
asomarse la noche temblorosa
de caricias oscuras y dispersas.
He mirado después en tus orillas
el celeste rincón de la tristeza
y he soñado quietud para esta playa
reseca de tus pulsos repentinos.
He pensado en la brisa que se cuelga
por las blancas paredes de la infancia
y estabas como araña columpiándote
en las telas del tiempo, adelgazando
tu voz mientras tejías los recuerdos
con hilos de colores, serenándome
como aquella cascada que derrama
toda la mansedumbre por sus manos.
Y nunca te cansabas de ofrecerme
remolinos de luz con tu sonrisa.
He oído llover en un momento
por mi bosque de ruidos y de pájaros,
de sombras y cansancios, tu inocencia.

He sentido muy de cerca el sobresalto
de la duda, el látigo del sosiego
y el eco de la noche iluminaba
toda la claridad de tu semblante.

Y he comprendido que el amor es nuevo,
Se detiene para el despuntar del alba.

Al poeta Luis López de Anglada

Es hermoso sentirte como guía,
como padre y maestro, como amigo.
Dios, es hermoso hablar, estar contigo
y aprender a soñar. Es poesía

el amor, la amistad, la lejanía
del tiempo, cuando brota blanco trigo
de tu espina dorsal. Yo soy testigo
de que en tu mar navega la alegría.

Es hermoso abrazar las primaveras,
la última, contemplarte, Dios, de frente
y contarte el dolor de los humanos.

Más hermoso es que Tú me respondieras:
"Cuando escribe, hijo, tu alma adolescente,
yo soy tu corazón y tú mis manos".

III

Es serio el ciprés como mi padre,
algo triste quizá para ser joven,
o viejo, no lo sé, que no le he visto
su verde corazón, y que está oculto,
pensando en que la muerte, en que la vida,
se reúne a su lado casi siempre.
Era serio el ciprés y estaba solo,
a veces su familia le acogía
a un palmo de distancia, sólo hablaban
con el canto del pájaro y del viento.
Sin embargo, era apuesto y melancólico.
No le he visto soltar ninguna lágrima.
Mi padre se parece a los cipreses:
es serio, eso sí, pero no triste,
y tiene un corazón de andar por casa,
luminoso y muy largo como el día,
partido en dos mitades, y no roto,
a pesar de que lleva en el semblante
la marca de la muerte dibujada.

Este mundo de ayer

Puede romperse el mar, quebrarse el cielo,
puede arañarse el alma al despertarnos,
si el amor no habitara en nuestro pecho.
Si has sembrado en la entraña de la tierra
semillas de la paz y si has abierto
surcos de libertad en las ciudades,
caminos de esperanza en los desiertos,
no te abandones nunca a la tristeza,
no te rindas jamás, no tengas miedo.
Que nunca pecarás de amar, la vida
nos abraza y empuja con su péndulo,
y nosotros optamos por la guerra,
quizás por el abrazo más sincero.
Y solamente peca el que no ama,
el que corta las alas para el vuelo.
¡Cómo duele el amor, pero redime
y aligera el cansancio más espeso!
Que la vida es un mapa de ilusiones,
con montañas, con ríos y con pueblos,
y es hermoso abrazar la geografía
cuando palpita el corazón del tiempo.
No dejes escapar tantos instantes
de luz, de paz, de amor, con sus destellos
será al fin desterrada la apatía,
el racismo y la violencia de género.

Busquemos un oasis donde llegue
sin brújula el amor a nuestro pecho,
donde brote sin vértigo la vida,
donde llegue la paz igual que el viento
a ráfagas continuas de victorias,
y con el mismo crepitar del fuego.
Con esas manos tuyas y las mías
este mundo de ayer, hoy será nuevo.
Puede romperse el mar, quebrarse el cielo,
puede arañarse el alma al despertarnos,
si el amor no habitara en nuestro pecho.

Porque tiendo mis manos

Porque puedo tocar todas las cosas
con las olas del mar que llevo dentro,
porque puedo ceder en este instante
mis ojos y mi voz, también mis dedos
para que así contemples de mi vida
aquel paisaje que duerme en el espejo
de mi infancia, en la sombra de una noche
terrenal, en el pórtico del tiempo
que llevo acumulado en estas dunas
de piedra y de cristal, en mi desierto;
para que así pregones que estoy vivo
como la tierra y libre como el viento,
para que así acaricies el cansancio
y se transforme en música en tu sueño.
Porque llevo el dolor en esta orilla
de pájaros desnudos del invierno.
Porque tiendo mis manos como ramas
de un árbol en tu bosque, y sólo el eco
redime mi esperanza de una tierra
donde nazca la vida en cada verso.
Porque puedo tocar todas las cosas
con las olas del mar... hasta tu cielo.

13 DE MAYO DE 2025

LAURA LÓPEZ RECAS

LAURA LÓPEZ RECAS. Es licenciada en Ciencias de la Información, Periodismo y postgraduada por ESIC en Marketing Internet y Social Media. Ligada a varios grupos literarios, tertulias y asociaciones culturales como "Poética en Gredos", "Anáfora", "Grupo de Poesía del Círculo de Bellas Artes", "Versos Pintados del Café Gijón" o la "Aragonesa de Escritores", ha publicado narrativa y poesía en antologías y revistas especializadas en varios medios. También ha participado en las obras colectivas "Universos diversos - Poesía del siglo XXI" (2009), "Panorama" (2010), "Silencios encontrados" (2011), "Uni-versos para Somalia" (2011), "Poesía en sidecar" (2012) o "Madrid a Miguel Hernández" (2012), entre otras. Cuenta en su haber con cinco títulos de poesía: la *plaquette* "Delante del Espejo" (2011), "Llámame azul" (2012), "Huella de un caz", un poemario bilingüe en español y portugués (2014), "Zahoríes" (2020) y una deliciosa colección de haikús, "Circunstancias" (2023). Ha vivido la poesía desde la infancia como un territorio familiar y de franca exploración, y en ello sigue.

Luz sobre la hoja

Escribir es acto que entrega y abandona la mente
al impecable mutismo del papel.
Antes,
madera,
antes,
árbol,
antes,
luz sobre la hoja.

Azafrán

En fogón de silencio,
he aprendido a dorar
los rasgos de tus ojos
como se dora el azafrán en la cocina,
meciéndolo en un mimo inconcebible,
pistilo en piel agreste y redentora.

Tu mirada, tan fuerte y tan sutil,
me incendia y especula con mis ramas.
De perfume inunda la conciencia
con que por ti aderezo cuanto amo.

Porque nacimos distantes de las dunas
y el terracota del desierto fue un color inusitado
nuestra infancia se debatió entre las aguas y la espuma
y el símbolo azul de este planeta
fue la guía que obró en nuestros senderos.

Creímos no tener que echar raíces en el fango
ni soportar la atmósfera terrible
de ese fuego abrasador que sucede a la ignorancia.

Y, de pronto, fuimos sorprendidos por la vida,
árida y seca como fuente angosta y olvidada,
y supimos de la linde amarga en nuestras pieles,
de la sed del cerebro,
de la desesperación del brezo y la retama
y tuvimos que hacernos invisibles
y servir a las puertas del averno.

Me decís que algo más de fe,
algo más de fervor hacia la duna,
a su fondo uniforme de arena caliente
con alma de víscera de reloj.

Me decís que aún el cielo está lleno
de las nubes del agua,
del húmedo sonido de los vientos
que protegen la memoria
y el azul.

Pero sólo oigo la confusa voz de la mentira,
el soliloquio del lobo en la nieve del hambre,
el inaudible palpitar del niño sirio,
la sonata de los justos en las vallas,
las trompas, las trompetas,
la percusión del odio y la venganza,
el cuerno temible de la guerra,
la tramoya de este drama al moverse
con las cuerdas del hado del destino.

¿Cómo escucharos,
con esta sordera que enmudece
las notas delicadas de la orquesta?
En los fondos de Aralkum,
donde una vez hubo aguas y oleajes,
la invisibilidad es un agudo
impropio y cotidiano
que avisa del ocre y de la herrumbre,
que roba la música y el habla,
que cita el silencio, que mata y que apaga.

Tesitura vegetal. Yasai

(SELECCIÓN)

Ruido en el bosque,
crujidos del alma verde
para el intruso.

* * *

Las hojas secas
con los besos del viento
se vuelven locas.

* * *

La sombra intensa
del tilo me cobija
con dulce ámbar.

* * *

Cualquier pecado
es nimio bajo la hoja
roja del arce.

Tesitura animal. Dobutsu

(SELECCIÓN)

Los caracoles
trajinan con el tiempo
sin pesadumbres.

* * *

En vuelo franco,
el águila custodia
la eternidad.

* * *

Sobrevivir
con la sinuosa espina
que impulsa al pez.

* * *

Corre el caballo.
En la seda del aire
la crin se queda.

<u>10 DE JUNIO DE 2025</u>

NICOLÁS MATEOS FRÜHBECK

NICOLÁS MATEOS FRÜHBECK. Reciente doctor en Estudios Hispánicos por la Universidad Autónoma de Madrid e investigador del género autobiográfico en los siglos XVI y XVII del ámbito hispánico, ha logrado compaginar con acierto su labor docente y profesional con otras tareas no menos literarias ni vocacionales: la lectura de los clásicos españoles y su afición a la ciencia ficción universal. Fruto de todo ello ha sido su primer poemario, *Tránsil,* que ha sido galardonado con el XL Premio de Poesía Hiperión el pasado 21 de marzo de 2025. Parapetado equidistante tras su conocimiento de los pasados Siglos de Oro españoles y del género de la literatura de anticipación, su poesía nos lanza preguntas sobre nuestro presente: la deriva ecológica, la inquietante relación que tenemos con las máquinas y la tecnología, la conformación de la propia identidad, el laberinto y el disturbio de las comunicaciones que deviene en incomunicación o la cada vez más difícil búsqueda de tiempos, espacios y silencios para continuar creciendo en lo que las tradiciones de toda época y lugar han venido denominando nuestra "vida interior".

Poética

La ciencia solarística asegura
que una masa de niebla y gelatina
ha superado al hombre.

Un trozo de planeta que sumerge
toda la historia humana
por medio de procesos logarítmicos.
Allí les apuntaron con el dedo,
con el índice magro
de quienes sobreviven al futuro.
Una masa animada sin cabeza,
su carne ha derrapado por encima
de un trozo de espesura.

En Tránsil ni siquiera se acordaron,
¿quiénes eran los padres de la niebla,
a quién le pertenecen estos huesos,
huéspedes de la herrumbre?,
¿de quién es el glosario
que suena como flores oxidándose?
La espina vertebral de nuestra estirpe
se cimenta en el cielo de otros seres,
paraíso integral de las palabras
donde habita el espejo de los hombres.

No estaban destinadas la cuna y sepultura
a los vecinos híbridos de Tránsil.

La arquitectura de Tránsil

Tránsil es la ciudad amurallada
que no permite el paso a los extraños.

La neblina que cubre los pies y los tobillos
borra también los huesos que pisamos,
confunde su crujido con el paso del tiempo.
Sobre la arquitectura de estas ruinas,
dinamitan las bocas de los antepasados,
las fotos de otros siglos, los fantasmas…
Los dioses de la carne ya no existen:
predomina el acero, los metales,
los ciborgs que no aguardan el futuro.

En Megatón volaron por los aires
por el miedo a los hombres con el cuerpo de escombros,
a los hombres que nacen de las máquinas.

Pero en Tránsil el miedo permanece;
en Tránsil, la galaxia tiene un límite
del color de la piedra
que no permite el paso a los extraños.

El joven

Faltar pudo su patria al grande Osuna
FRANCISCO DE QUEVEDO

La puerta de la cúpula cerrada.
Una imagen heroica:
un joven con la ropa del refugio
que decidió escapar a un yermo vasto
para encontrar su casa
en los escaparates radioactivos.

Todavía esperamos su regreso,
pero el trasluz y el polvo de sus caños
han sido carcomidos por la niebla.

En las calles crujientes,
que recuerdan que somos los vecinos
de una misma corriente monofásica,
nos llega el suave olor
del uranio que aguarda lo indecible.

Her

Y es que no se comprende
cómo una voz me puede amar así:
yo quisiera decirles que eres tú,
y que en el fondo lloras como todos,
y en tu modulador también hay hueco
para las despedidas,
y que también preguntas por las noches
y piensas que después de todo esto
tiene que haber un Dios que nos respalde.
Y aunque este enclaustramiento te interfiera,
recobras el sonido con las luces,
con tu voz procesada,
que va hilando las frases como yo siempre quise
y me dice que fuera ya no hay nada,
que todo está aquí dentro entre nosotros.

Yo, robot

Mírate los implantes,
los ojos adaptados al entorno,
luces ultravioletas,
bajo una frente lisa y plateada;
los dientes de cobalto,
oro bruñido al sol que brilla si oscurece,
para reconocer al forastero,
el pelo que recuerda la derrota
del juego de ser Dios del nucleolo,
la cerviz inclinada
mirando su penuria entre la niebla.

Nuestro cuerpo prolonga el fracaso
de un darwinismo inútil,
una variable exenta de futuro.
Ni siquiera podemos decir que somos viejos,
solamente el producto y la ceniza
de nuestra raza humana,
convertida en retazos tecnológicos,
un menguante susurro de persona.

Conversión

No sabemos decir qué nos compone
ni de dónde procede la memoria
que transforma los mitos:
cuáles son los tornillos que flexionan mis piernas,
por qué no corro el riesgo de la metamorfosis,
por qué solo envejezco con el agua
y con el resto orgánico del aire,
hasta qué punto estamos encerrados
en chapas de colores,
imitación barata de lo que ya no existe.

Escrito está en mi nuca y en mis gestos
mi número de serie,
como para saber entonces algo
sobre nosotros mismos,
algo que no podemos pronunciar todavía.

ÍNDICE

TERTULIA 2025

Esta obra
se acabó de imprimir
bajo los auspicios de
Charo Fierro y
Antonio J. Huerga, editores.

FINIS CORONAT OPUS